DANS LA MÊME COLLECTION

Marie Chevallier, *Que dire à ce passant ?*
William Cliff, *Autobiographie.*
Claude Michel Cluny, *Poèmes d'Italie.*
À l'ombre du feu.
Gérard de Cortanze, *Le Mouvement des choses.*
Serge Delaive, *Le Livre canoë.*
Philippe Delaveau, *Cent sous pour la reine Mab.*
Mohammed Dib, *L'Enfant-jazz.*
Le Cœur insulaire.
Feu beau feu.
Ombre gardienne.
Hélène Dorion, *Les Murs de la grotte.*
Portraits de mers.
Sans bord, sans bout du monde.
William François, *La Vie brève.*
Christian Ganachaud, *Le Dieu souffrant.*
Louise Herlin, *Chemins de traverse.*
Mohamed Hmoudane, *Attentat.*
Jacques Izoard, *Le Bleu et la poussière.*
Dormir sept ans.
François Jacqmin, *La Rose de décembre.*
Vénus Khoury-Ghata, *Compassion des pierres.*
Anise Koltz, *Le Paradis brûle.*
Abdellatif Laâbi, *Le Spleen de Casablanca.*
Poèmes périssables.
L'Étreinte du monde.
L'automne promet.
Les Fruits du corps.
Béatrice Libert, *Le Rameur sans rivage.*
Être au monde.
Karel Logist, *J'arrive à la mer.*
Yves Mabin Chennevière, *L'Immersion rebelle.*
L'Invention du silence.
Mémoire d'un temps éventuel.
La Fureur de l'ange.
Traité du vertige.
Carl Norac, *Éloge de la patience.*
Jean Pérol, *À part et passager.*
Richard Rognet, *Seigneur vocabulaire.*
Belles, en moi, belle.
Amina Saïd, *Gisements de lumière.*
De décembre à la mer.
La Douleur des seuils.
Jacques Sojcher, *La Confusion des visages.*
Jean Tordeur, *Conservateur des charges.*
Joaquim Vital, *Un qui aboie.*
Gérard Voisin, *De tes mains partit le vide.*
Ivan Zetlaoui, *Étapes du silence.*

LE LIVRE DES 14 SEMAINES

DU MÊME AUTEUR

Douce Violence, Ramsay, 1982.
Sous la coupole, Ultramarine, 1985.
Ils préféraient la lune, Balland, 1987.
Un mensonge, Balland, 1990.
Patio, opéra intime, Stock, 1995.
Beaucoup autour de rien, Calmann-Lévy, 1999.

SAPHO

de Marrakech

LE LIVRE DES 14 SEMAINES

poèmes

CLEPSYDRE

ÉDITIONS DE LA DIFFÉRENCE

PREMIÈRE SEMAINE

CHANT PROFOND – CANTE JONDO

1
Dimanche

Et puis,
L'insaisissable précis
Nous le tenons, nous y allons
Nous l'enchâssons dans le cours   des mots manquants
Aussitôt dit, aussitôt perdu le chant
S'évanouit quand il chante
C'est là
Dans l'insaisissable précis
Que vibrera le poème
Juste ce qu'il faut d'
Impossible entre les mots
La formule vient
Libère ici
S'enfuit déjà
Perdue pas tout à fait
Et cette trace de sang séché
Entre signe et lumière
Va
Commencement d'un autre texte
Insaisissable précis
Pas d'une âme.

1 + 0 = 1 : Et

2
Lundi

Puis-je poursuivre dans l'essoufflement ?
Tirer sur les cordes du monde
N'en rien tirer ?
Le bruit du sang ?
Déraisonner
Dans le silence
Je parle trop
Je cherche
1 dire
Qui réveille.
Serait-ce enfin le mot haine ?
Il brûle sitôt qu'on le prononce
Écorces de fruits calcinés
Sur
Ruelle de la Médina
Un peu de boue, un peu de poussière
Fumet
Hammam des colombes au cou brisé.
Je ne sais rien haïr avec persévérance.
Si. Le mépris, le seul mépris.

2 + 1 = 3 : poursuivre

3
Mardi

Ils sont venus de la mer, des algues
Des poissons étranges et autres corps :
La peau est un désert planté d'étranges touffes
Crevassé tant de fois.
Ils sont venus de la mer, ils lui ressemblent
Humains dont les oreilles imitent les bulots.
Qu'est-ce qui les a rendus si importants à eux-mêmes
– je mange mes cousins, les fruits de mer
mes arrière-grands-mères, les algues ? –
Cette réflexion, qu'est-ce donc ?
Le pronom réfléchi
Je était je était l'autre perçu – 3
En même temps que des cris chargés de sens

3 + 3 = 6 (la) mer

4
Mercredi

Voilà la lumière qui vient
Au bout du carnet
Voilà l'aube d'un fleuve
Le monde est si petit
On s'y sent à l'étroit
Les ancêtres ont écrit son histoire
De cette façon-ci, de cette manière-là
« la » façon « la » manière
Mais quoi au-delà de l'au-delà
Quoi la mort évanouie
C'est tout ce qui m'intrigue.

4 + 0 = 4 : qui

5
Jeudi

Les veines, fleuve du sang prêt à déborder à la crue, prêt à éteindre d'un désordre ultime ce qui le contenait en vie, les veines, fleuve qui ne va pas à la mère

Je ne sais ce qu'est le néant.
Un poet n'est pas un prophète
Une pythie, peut-être ?
Encore faut-il se pen $\left\{\begin{matrix}\text{cher}\\ \text{ser}\end{matrix}\right.$ sur sa pen $\left\{\begin{matrix}\text{sée}\\ \text{chée.}\end{matrix}\right.$

5 + 0 = 5 : sang

6
Vendredi

Un poème ? Qasida…
C'est la mort qui regarde.
Dans l'espace de ses yeux :
– Eh bien, parle !
– Oserai-je, dira Rilke
Mais oui, c'est dans l'écart
La chute soupçonnée, le vertige,
Que la voix crie le mauvais conseil
Poetry
Et qu'on le suit
Alors il faut se porter nu
Où les boîtes de nuit ne font plus la nuit
Où la seule qui danse
C'est la dame tenant le dernier mot
Sous son seul pas viennent
Les grains du poème
Je et poursuis 1 voix
Qui ne sait où elle va
Comment parler
Au clair de la mort
Encadrée de son battant ?
Pourtant, sans Elle, comment oser…
J'obéis
J'oublie la ville et dans l'oubli

Je vois 1 livre
Je suis enfuie, je suis libre
Personne ne souffle sur mon souffle
Je parle surtout sans savoir
Alors
Dans les espaces ajourés, ciselures d'1 là-bas
La musique de Lou Reed saigne
Je n'ai que le temps de crier :
Sans espoir de retour
Sans espoir de retour

6 + 3 = 9 : regarde

7
Samedi

Écoutant « Magic Loss ».
C'est un jour de constance
C'est un lac si changeant
Écrire
Qu'est-ce qui fait que sans honte je trace
Des signes destinés à peu de gens ?
« Pourquoi des poètes en temps de détresse ? »
Oui, cela me hante
Cela me chante
La parole est venue nécessaire
Comme l'eau et le vent
Elle fuit et elle luit dans la nuit de l'intelligence
Ô Lou, mon Lou Raide
Ta musique salue l'absence d'Andy
Je ne sais pas s'il méritait cet Oratorio
Mais tu auras été, Lou, à cette minute
Un ami que j'eusse aimé avoir.

7 + 0 = 7 : jour

DEUXIÈME SEMAINE

LA VIE COURANTE

1
Dimanche

La douleur sourde
Le fond des eaux
Le froid des os dans ce mois d'août
Mélancolie tumultueuse
Qu'avons-nous fait pour être si malheureuses ?
Tu m'as privée
Je t'ai bannie
Mère outragée d'ouragan
Avec tes croyances
Je t'ai cachée à lui
Je l'ai caché à toi
Qu'est-ce qui fait si mal ici,
Il serait simple de frôler la rencontre
Chaque fois que je veux
Je crains
Le grincement de vos regards croisés.
Le vent de sable me chavire
Toi, lui me terrifiez
Et je porte le risque comme
1 enfant
Mon seul enfant
Désormais.
Où est l'enfant que je n'ai pas fait.

1 + 1 = 2 : douleur

2
Lundi

La rue est petite comme un souvenir
Fugitif
Cet endroit où nous allions
– Il m'est difficile
De fréquenter d'autres endroits –
S'appelait vraiment le Temps Perdu
Il était vide
Les serveurs ne s'y empressaient jamais
Une femme pâle ne le tenait pas
Et je suis encore là-bas quelquefois.

Les bars éclatants dont parle Arthur R.
J'y allais ne buvant pas de bière
Mais l'écume des verres me semblait une joie
Une promesse de converses
Animées par le roi d'un soir
Qu'il faisait belle figure
Nous trinquions à lui
Personne ne s'offusquait
Que je ne boive que du thé

Les parias les interdits les méchants les dents noires
Les cernes les jeunes vieillards
Les illusions d'échanges lourds
Je les aimais à chaque nuit
Inlassablement

Maintenant je ne sais plus
M’asseoir à une table taper l’incruste
Et croire que tous les poèmes sont là
C’est mon regard qui s’est enfui
Avec mes amis d’hier, la splendeur des arrivants
N’est plus sur mes épaules
Je suis écho de la beauté mais
Je tiens un mouchoir serré
Que j’ai volé au passé
Et j’essaie
De tisser
Des fils de soie
Pour l’habit d’un papillon de nuit
Réplique sombre de cet autre, glorieux de couleurs.
Je n’ai pas oublié
La joie les éclats la nonchalance exubérante
L’insolence
Now je suis inquiétude
Ont-ils bien entendu
Ceux qu’on aimerait ?
Nos écharpes sont des fumées pour dire
La mer que tu traverses est la mienne
Je n’ai plus de goût pour le soleil
Mais je l’aime enfoui dans ta peau
Guapa
J’aime ta nonchalance insolente exubérante
Amie parée du bord de mer
Tes yeux rapportent des gâteaux
Tu n’as pas oublié la langue des enfants
Tu n’es pas sortie de l’enfance

C’est le temps qui rajeunit

2 + 0 = 2 : (la) rue

3
Mardi

Il bat des pieds *tatatam tam tatatam*
Le sol du théâtre français *tatatam tam tatatam*
C'est Saïd le ghnawa
Il bat *tatatam tatatam*
Il bat des pieds
Il tape, *tatatam* ses yeux sautent
Oiseaux de foire
Rames de gondole
Ses yeux roulent
Guérites de frères attablés
Avec rires dans un potager
Et moto qui vole au-dessus du passage au rouge

Il bat des pieds
Ses yeux sautent
Et tirent le ciel
Jusqu'à moi.

Paris, mai 2000

3 + 0 = 3 : des

4
Mercredi

Petite folle
Au large sourire
Tu vas parler au docteur longtemps
Tu pleures
Pour que les djnounes s'en aillent de ta tête
Ta poitrine frêle s'écrase sous l'air
Le trop grand air que ton marin
Met entre lui et toi
Petite folle
Tu cours
Tu arranges tout dans la maison
Pour un maigre salaire
Tu souris jusqu'au malheur du corps
Tu ne sais ce qui te prend ainsi
Le temps les tempes la tête
Quand tout cela s'arrêtera s'arrête
Le bateau mauvais
Qui vogue important emporté
Emportant le marin de ta vie
Petite folle tu vas
Chez le docteur tous les trois mois
Tu t'allonges, tu parles de tes blessures
Jusqu'aux larmes une mer
Qui ne rejoint jamais la mer

Où vogue ce pêcheur
Qui pèche par défaut par sa vie
Partiras-tu un jour de son départ ?
Tes tresses à peine cachées
Par le foulard mal ajusté
Sur tes cheveux un peu crantés
Tes dents évidentes sur gencives apparentes
Ton sourire fait 1 camélia
Plein
Un chagrin.

4 + 1 = 5 : sourire

5
Jeudi

Nous parlons mal de notre amour
Nous le flagellons d'injures
Nous voulons qu'il rugisse de douleur
Pour qu'il se souvienne encore
De l'étreinte ivre de commencement

5 + 0 = 5 : notre

6
Vendredi

J'aime les poètes arabes
Parce qu'ils sont traduits !
Dans une langue rude sans ménagement
Comme la salive d'un animal
Fraîche de ne rien dire comme tout le monde
J'aime les poètes autrichiens qui chantent en arabe
Parce qu'ils sont traduits sans ménagement
J'aime la traduction
Voile sur le voile des poètes

6 + 0 = 6 : parce qu'

6
Vendredi soir

Je fréquente les anciens
Je fréquente l'Orient
Je fréquente les poètes français
Je fréquente l'Espagne
Je fréquente les Allemands
Les Japonais
Les Chinois
Les Africains
Les Suisses
Les Russes
Les Yougoslaves
Les Palestiniens
Les Israéliens
Les Américains
Les Perses
Les Portugais
Les…
Tous ces poètes semblent vouloir dire 1 chose qui
    leur passe sous le nez
Elle est là, attendant, lue
Dans chaque 1 de leurs syllabes

6 + 1 + 1 = 8 : Orient

7
Samedi

C'est sans titre que j'écris
C'est sans titre
Je ne suis qu'une femme
Sans chapeau
Sans toit
Sans ciel
Sans sol
Sans terre
Sans sang
Sans titre
Errante plus qu'un errant.

7 + 0 = 7 : sans

TROISIÈME SEMAINE

POURQUOI DES POÈTES EN TEMPS DE DÉTRESSE

1
Dimanche

C'est à Mehi
Cet accord de vie
Qu'elle dit
Voici les inscriptions d'une femme qui brave l'océan
des mots
Et les mots sont de l'homme
Une loi
Ce que l'on convient de dire,
Les pères gouvernent le droit du dire,
– Je suis 1 jurisprudence dans ce droit –
Voici les mots d'1 femme dans l'ordre des hommes
Il y a de l'homme en moi
Il y a de la femme en lui
Il y a de l'autre en nous
Inexplorable
C'est là qu'elle ouvre l'océan.
L'océan des mots habite déjà
Un sans moi
1 flux,
L'océan habite déjà, animé mais vide de voir
L'océan des mots arrive après
Il absorbe le passé, c'est un sable qui boit
Et regorge de paroles déchaînées
Elle les assemble dans un ordre peu apparent
Elle déclare la guerre à l'océan.

1 + 1 + 1 + 1 = 4 : Mehi

2
Lundi

Toi qui as le pouvoir
Tu as une liberté que je n'ai pas *(-1)*
Mais tu es enchaîné
Où je ne le suis pas *(-1)*.

2 – 1 – 1 = 0

3
Mardi

La pensée se tresse là en une phrase
À l'ombre d'1 verre vide
Tramée par les biseaux.
Que vaut-elle ?
1 humaine se regarde et fait
Volte-face.
Elle
Laisse trace de son trajet
Peut « se » voir !
Entrée
Dans le savoir,
Douleur du demi-voir
Elle mord tu mords
« Et ils voient qu'ils sont nus »...
En devient-on si important dans le seul jardin
De la voie lactée ?

Mais des ailleurs qu'en est-il
Ailleurs de l'Ailleurs
Abîme
Trou

3 + 1 + 1 = 5 : là (la)

3
Mardi soir

Poème de vinaigre
Le temps plisse ton élan
Une rumeur noire
Poème de sang
De trahison
Le mot se trouble
La rage monte
Le meurtre
Poème de vinaigre
Poème de sang

4
Mercredi

Si on me demande qui est
qu'est-ce que } Dieu
quoi est
etc.
– je ne vois pas pourquoi on me le demanderait –
Je hasarderais le sens
Le non-sens
L'absence
« Le savoir sans limites »
Qu'a-t-il jeté au témoin trébuchant
Mal informé difforme
L'homme dans le jeu cruel et froid (?) du vivant.
Y a-t-il une clef à la maison du savoir ?
L'amour parfois est survoyant
Mais il fume
La vie si longue à venir
Toute seule dans la galaxie
Vapeur dans l'univers
Si c'est un jeu il n'est pas drôle !

4 + 0 = 4 : demande

5
Jeudi

Cette férocité mais est-ce fatal ?
Je touche 1 visage brûlé
C'est la terre qui enlaidit
C'est mon visage qui brûle
Le soleil fait la pierre dans le chas du temps
Étoile dans la musique hindoue
Un écran amortit les helpless hurlements
Viendra-t-il des hommes de parole ?
Mais cette férocité est-ce…

5 + 1 = 6 : fatal

6
Vendredi

Retiens-moi
Je m'éloigne de ces querelles
Retiens-moi le monde
Je m'éloigne tant
Cette rumeur d'égout
Ce sang absurde
L'horreur a plusieurs têtes
Où sont les coupables
Quand personne ne sait plus ce que parler veut dire.

6 + 0 = 6 : de

7
Samedi

Jeune amant de dieu
Dis n'es-tu fraternel qu'en haïssant un autre ?
Et toi vieux charme de violence ?

Pourquoi des poètes en temps de détresse ?
C'est le temps de crier
À la couture des yeux
Déréglons l'imposture
Je nous vois vivants d'être éloignés
Pourquoi des poètes en temps de détresse
La langue ineffable passe les barbelés
La langue paternelle.
Le mot nous tient
Poètes contemporains
Pour combattre
Au fond de la parole
Comme des hommes pas comme
Des lavabos convenables
Sarcasme ironie postillon
Tout
Si nous parlons
Sinon nous mourrons dans la ouate.
Sans écho.

Le temps est de détresse ne le voyez-vous pas ?
Ne jouez pas aux kabbalistes
Le secret
Est pour demain
Nous sommes   en temps de détresse !

7 + 0 = 7 : détresse

QUATRIÈME SEMAINE

CHALEURS

1
Dimanche

Ce jour premier de quatrième semaine
Je donne raison au secret
Je me dédis et je dis
Je veux cacher la pensée
Pour le désir

1 + 0 = 1 : ce

2
Lundi

Oum
Tu as fait des ravages avec ta voix large ta voix rivage
Nous sommes ravagés
Nous nous murmurons tes envolées
Impuissants à les redire toutes
Avec 1 grain particulier ici
Cette petite appoggiature là
Et, le pourrions-nous que nous resterions orphelins.
3 fois orphelins.

2 + 1 + 3 = 6 : ravages

3
Mardi

Il y eut cette terrasse donnant sur un terrain
Vague de promesses non encore tenues
Avant la mer
Il y eut une lagune d'ivresse
Était-ce la brise dans la chaleur
Vos yeux d'attente ?
La musique ainsi aimée
Le cou du chanteur
Sa main sur une derboka de fortune
Était-ce le poisson offert par Latefa
Ce désir Sabah que l'on dise quelque chose
Je ne vois rien de plus vif au monde
Qu'1 soir sur les divans arabes
Qu'on installe à la hâte
3 lanternes du sud
Et nous croyons rivaliser avec la lune !
(Pardon, Qacimi, j'ose « lune » interdite de poème
– par toi – depuis qu'on lui a photographié les alvéoles)

3 + 1 + 3 = 7 : sur

4
Mercredi

Temara
Une aisselle d'animal inconnu s'ouvre et couvre
d'iode les maisons de mer
La mer envahit au-delà de son écume
Les murs des femmes murées
Comme moi dans une colonne de mots
Cette colonne mon feuillet brodé d'écriture
Cette colonne s'érige vers le bas, le ciel descend
La chevauchée des signes avance
Au loin, petite, troupe équestre
Vers un monde non écrit
Vers une conjugaison, de fait.
La mer avance aussi sur la plage
Page irrésistible je croise le fer avec elle
Les coquillages en nage alguent
Nous vaquons à toutes sortes de tâches
Quelque chose dans la vaisselle répond à la respiration de l'océan qui joue au vacancier à gros boutons parasols, ses dauphins emmaillotés s'élancent vers la vague, l'océan les mange un quart d'heure et les recrache
Je n'ai jamais su forcer le futile
La mer en moi s'est retirée.

4 + 0 = 4 : animal

5

Jeudi

La science de celui qui veut
Foudroie
Parce qu'il n'a rien appris comme tout le monde.

5 + 0 = 5 : qui

6
Vendredi

Les couleurs fauves les couleurs brunes
Couleurs du temps parcouru
La saveur du temps si court
Parfois sans fin
Sans fin quelconque, à propos
9 couleurs fauves
Font de mon cœur un pruneau
1 souci sombre et sans retour
Non, je me retourne et je ne vois pas ce que j'ai vu.

6 + 1 + 9 = 16 : court

7
Samedi

La chaleur est là
Le verbe transpire sans sujet
La chaleur   écrase un moi impropre / irrelevant
Du dire traverse mes veines ma main,
Ma mémoire antique,
Je n'ai rien demandé,
Je ne suis pas non plus dans la fièvre et l'inconscience.
La question ne me laisse pas en paix.

7 + 0 = 7 : transpire

CINQUIÈME SEMAINE

RHÉTORIQUE

1
Dimanche

J'œuvre
C'est un jeu
Poète de peu
C'est 1 jeu
Il y en a,
C'est une âme qui déroute pour le sel des choses
Tasseau, cheville, silex
Petits cailloux lucides, vis d'écrevisses
Esses et tresses
Ils les dispersent
Il y en a
Pli du port
Axe évanoui
Interligne du silence
Le sens est tendu jusqu'au Nil
Nihil
Charron embarque les gens qui n'ont pas fini
Personne ne peut terminer sa vie
On l'extermine.

1 + 1 = 2 : œuvre

2
Lundi
Rhétorique

L'homme, l'autre avec ses grands pieds
Quand il nous faisait la grâce de nous aimer
C'est qu'il ne nous aimait plus
Car s'il nous aimait tout soudain
C'est qu'il ne nous avait jamais aimée !
1 ?

2 + 1 = 3 : l'

3
Mardi

1 minute d'arrêt, dit le contrôleur
Alors, cette minute d'arrêt, cette ligne fractale
Éternité contenue dans l'enclos
Contenant
C'est la minute d'arrêt
Pour se demander
Pourquoi tout cela
Encore
Pourquoi ?

3 + 1 = 4 : arrêt

4
Mercredi
Rébus

C'est un rébus
1 rebut
1 retour
1 relent
1 re-père
Un rebord
1 retard
une rature
1 raté
1 redire
un re-père
1 rebours
1 refoulé
un reste
1 retire
1 retrait
1 report
un re-père
1 recul
1 revue
1 recours
1 remords
1 retour
un re-père

1 ressort
1 revient
1 revers
1 ressac
1 reflux
un rebelle
1 refus
1 repos
1 repas
1 repu
1 retour
un re-père
1 retors
1 repaire
1 record
1 revoir
1 recours
un re-père
1 rebord
1 revu
1 relais
1 report
1 remise
1 reclus
1 redoux
1 rendu
un re-père
je re-doute

4 + 40 = 44 : recours

5

Jeudi

Le mouvement me déserte
C'est le train qui bouge
Petit puma du soir
Je regarde comme 1 Chinois assis sur une chaise
Se lever le monde
Ou passer – dos d'animal
Qui ne dit pas ce qu'il voit.

5 + 1 = 6 : est

6
Vendredi

Si les diagonales fortes du soleil
Sur un sol luisant d'après-midi
Printemps avalé
Été immédiat
Si les géométries folles du sol
surimprimé 32 lueurs
De dalles rectangulaires industrielles
Marbre moucheté place au hasard
+ les interférences des reflets trop bien jetés
Croisades sans fin
Si l'œil échoue à le saisir l'étrange agencement,
Je chéris cet échec.

Une femme en quête
Un homme pas vieux
Dans cet aéroport
Content de parler sa langue
Serait-ce une langue étrangère ?
J'aime cette hésitation.

6 + 32 = 38 : interférences

7
Samedi (train train train)

La pluie carbonique les filets internautes
Ô voyageurs assis
Cargos immobiles
Goût d'une branche perlée
Je me perds dans les verts
Infini des pluriels
Je regarde ces phénomènes
Sans conclure car
Je suis humaine.

7 + 0 = 7 : Ô

SIXIÈME SEMAINE

LA SEULE TERRE

1
Dimanche

Le ventre se noue
Les choses s'alanguissent
En un moi toujours oublié
Les colonnes nous regardent
Silencieux, occupés à cueillir les loups de l'absent
Carnaval
Barques d'un autrefois
Mouchoir enfui on ne sait où
4 objets d'enfance ravissement
– retrouvera plus
Une mère masquée berce son chagrin ses petits
Ô leur voix de cristal
Carillon…
Il éveillait le monde enchanté qui dort dans le monde.
Elle reste
Et le silence.

1 + 4 = 5 : les

2
Lundi

Le patio sonne de la musique ancienne
– Ni nos pas ne s'effacent… ni nos pas
Ainsi ceux qui confisquent ton pays
N'éradiquent pas l'écho
Les lampes ne sont pas innocentes
Elles laissent un halo tenace
Un murmure coule des colonnes
Les oiseaux le disent aux oiseaux
Dans cet août suffocant
La fraîcheur du Tadellact me parle, halitueuse
Ne sors pas murmure-t-elle, dis au papier
Le choix n'est pas large aujourd'hui
Le temps n'est pas ouvert
Je suis comme au bout de quelque chose
On m'enjoint de renaître
De quitter le pays de mon âme
De laisser le laissé
Mon histoire n'est qu'un compte
Elle n'en finit pas
999 nuits à compter de cette nuit
J'oublie le roi
J'oublie mes parents
Je vais au débord de l'eau

J'abandonne l'histoire s'il le faut
Pour que deux enfants de langue ennemie
Jouent ensemble.

999 + 2 = 1001, 1 + 1 = 2 : patio

3
Mardi

La seule terre que je connaisse est une poignée de paroles
Et je n'en veux pas d'autre
Passante
Si le sang est le signe de la terre
Ne m'en promettez aucune
Permettez que j'habite
Le carré du patio à Marrakech
Maison andalouse
Où le ciel est un mouchoir de temps
À soi,
Que j'en sois et seulement locataire.

3 + 0 = 3 : terre

4
Mercredi

Pourquoi tu veux faire la fête cette année,
Tu pratiques ou tu pratiques pas ?
Parce que…
C'est juste
La voix de nos pères qui chantent des formules
Et scandent l'année pour se rappeler
Qui était leur père
Répéter les gestes
Talismans
Comme un ruban de gestes qui vient d'1 fond des
temps
Atlantique, sémantique 1 cantique
1 cercle jamais plus le même
C'est infini dans 1 fini / fractal
Ils déclarent 1 père
Se fier à un autre
Et puis toujours quelqu'un se défie
Est-ce pour inaugurer son ère ?

4 + 5 x *1 = 9 : tu*

5
Jeudi

Il a chanté 2 fois la prière de la Pâque juive, mon grand frère petit, il a chanté de tout son cœur même s'il n'est pas aussi chanteur que mon père il me l'a fait entendre, ce père

Et j'ai pleuré

49 larmes

En entendant l'alléluia des juifs andalous

J'entendais sa voix il avait la clarté, la justesse d'un homme libre d'ambition inutile, lié seulement par l'amitié son chant disait tant son élégance, sa discrétion, son humour sa curiosité, son amour puissant et léger. Jamais de sa bouche une médiocrité juste peut-être, son intolérance au cabotinage,

À l'outrecuidance

Jamais il n'a ordonné quoi que ce soit que nous ne voulions pas vraiment.

5 + 2 + 49 = 56 : entendais

6
Vendredi

S’il est vrai que tout est écriture dans le poème, l’écriture n’est pas tout

6 + 0 = 6 : tout

7
Samedi

Le poète se retire de son poème
Tout est alors savoureux de ce qui est perdu
Le poète se retire de son poème
Et tant mieux, la vanité vole
Ce qu'il prétend
S'efface devant ce qui le tend
Pur désir
Épellation
Effeuillage
Une à une
7 pages
Le poète se retire de sa créature
Elle vivra
Initiant 7 poèmes à son insu
De son poème, le poète se retire
J'ai tenu, dans ma main, 1 poème
Qui m'a fait parler.

3 x *7 = 21 + 1 = 22 : son*

SEPTIÈME SEMAINE

LES DÉTAILS

1
Dimanche

Toi oui toi derrière la colonne Morris
Comme 1 souhait mal exaucé
Avec 1 rien d'étrangeté
Pour me garder captive
1 vapeur décevante
Pour m'accrocher
C'était jour soleil
Mes yeux d'oiseau brûlaient aveugles
Nous sommes entrés dans un safari club
Il y avait nuit pour vieilles dames à chapeaux plumés
Tu as pleuré au bout de 2 gorgées de whisky
Une grande bête comme toi
Impression de passion proche
Pas dangereuse :
Tu as dit 1 connerie qui m'a permis de m'en tirer à moindres frais
Je me rappelle surtout ton charme :
L'ombrelle chinoise en papier qu'on ouvre sur les cocktails
Tu m'as tout de suite proposé 1 thé
J'étais une femme pâle nonchalante insoumise
Comment as-tu pu deviner – je veux dire pour le thé ?

2 + 6 x 1 = 8 : comme

2
Lundi

C'est en ville
Que les ampoules de 30 watts jaunes
À baïonnette
Font la fête
Sur la place ornée
De poulets alignés
Et d'oranges rangées
De brochettes rouges et vertes
Comme un tapis de Perse
La place de ma ville
Où ils crient, les fous
Et les ânes dociles
Ne sont plus là du tout
Le tambour fait un cœur
Et personne n'a peur
Le temps n'est que tambour
Le bourg n'est qu'illusion
Le temps ne passe pas
Pourtant que de passants
Et pas de passe-temps
C'est en ville
Sous les ampoules de 30 watts jaunes
Achetées en vitesse au souk
On n'en a jamais d'avance
On se passe du temps.

30 + 30 + 2 = 62 : cœur

3
Mardi
Paris

L'œil de la maison n'est plus le cadre en bois
Volet chaud ou froid
Est un écran
Où sombrent les chimères émises avec soin
Par Personne
Ce géant
Mort bêtement.

3 + 0 = 3 : de

4
Mercredi

Les détails
Je ne peux pas m'intéresser au CAC 40
Aux pourcentages de votants
Au commerce de l'argent non productif
À la réduction des objets culturels
À l'augmentation des objets de culte
Leurs marques
Aux chiffres du spectacle du sang
Les points vibrants de l'écran
La quantité des acheteurs de limaille
La quantité de vendeurs de destins
La quantité des poètes du marché
Les détails.
De son pied dans une chaussure un peu vieille
Mais de bonne qualité avec son pli, sa ride de cuir
Après le bout qui recouvre les phalanges
Et puis, le cordon jeté, la chaussette débordante,
De bonne laine, un peu fatiguée,
Le gilet aux lanières pendantes, la chemise en coton
épais
Qui sort sur le pantalon lourd de son côtelé bouteille
Les doigts longs qui ont fumé
Sa veine qui saille à peine il élève la voix, tension
du cou

Le bouquet qu'on m'a offert à Vanves
Blanc et rouge
Le coussin berbère sang de gazelle, le heik blanc qui nous tient de voilage aux fenêtres
Le bruit du concierge qui vide les grandes poubelles vertes
Les cris des voisins mélangés aux miens
Le Klaxon au coin de la rue, le presque silence du dimanche
Le ronron de je ne sais quel moteur d'eau dans l'immeuble voisin
La terrasse où vont les chats se mesurer à 1 dogue inconnu
Et qui fait l'événement de leur journée, au moins
Bernadette qui appelle
Comment vont les choses ?
C'est un poème ça ?
Ben oui, quoi
Les détails
Ça intéresse quand on voit plus bien.

40 + 4 + 1 = 45 : points

5
Jeudi

Dîner
Je t'emmènerai ailleurs
Dans des buissons imprudents
Jacarandas sur les montagnes
Ifrane et Meknès
Et la vallée déserte à l'intérieur du temps
Je t'emmènerai ailleurs
À l'intérieur.
Ce sera évasé comme la jambe d'un danseur
Qui ouvre le compas
Ma main sans veines parle comme l'Italienne
Saoule
Les gens du dîner enfourchent un cheval
À pattes inégales
La conversation verse comme une barque naufragée
Vaillamment, deux êtres poursuivent
Un chemin de phrases complètes
La vie reste insaisie

5 + 0 = 5 : ailleurs

6

Vendredi

Ils ont pris possession d'1 ville
Car ils se sont émerveillés
Plus que moi
Ce n'était plus la ville de mes pères
Avec 3 mots, c'était « leur » ville.

6 + 1 + 3 = 10 : se

7
Samedi

Lanterne
Découpe à travailler la lumière
Quand l'ampoule est éteinte, elle promet 36
Elle surprend encore quand s'allume
Le noyau électrique
Ainsi
Suis-je 2 dans la chaleur
À promettre
Les plus beaux écrits du monde
Et à ne voir venir
Que la poussière
À laquelle je retourne 5 fois
Oui mes pères.

5 + 36 + 2 + 7 = 50 : retourne

HUITIÈME SEMAINE

CANTE JONDO

1
Dimanche

Elle pleurait à Antibes
Elle pleurait
Pourquoi
Elle pleurait
Parce qu'elle avait perdu l'illusion
uno dos tres
1 Elle l'avait aimé comme tout
2 Il avait pu l'aimer en plus d'une autre
3 Il lui en avait fait part
Elle pleurait d'avoir perdu la jeunesse.
La raison et même la psychanalyse
Dictaient qu'elle devait s'y faire
Elle pleurait entêtée
Elle n'aurait jamais voulu, non,
Voir un crépuscule à la fièvre d'or
Abdiquer ses rêves
uno dos y tres
Elle veut lui en vouloir pour jamais.

1 + 1 + 2 + 3 = 7 : pourquoi

2

Lundi

Tu sais j'ai laissé entrer les mots dans ma maison
Les mots qui venaient se présentaient
J'ai ouvert la porte à ces mots
Peut-être qu'ils possédaient *LE SECRET*
J'ai laissé venir l'histoire dans ma maison *les mots*
La rumeur voilait la clarté
Sitôt venus, sans saluer ils se retiraient
Dans la cacophonie, l'indifférencié
Parfois 1 personne prononçait 1 oracle
1 poète, 1 philomouche ou humain de la ville
Et puis le bruit se refermait sur lui.

2 + 1 + 1 + 1 + 1 = 6 : entrer

3

Mardi

Le chat est empli de cette vie qui va
De cette vie qui vient d'on ne sait quoi
D'1 désir innommé un sans sujet
Le merle moqueur lui siffle sous le nez
Le chat est empli de cette vie qui va
Mais il a ce plus qui échappe
La beauté
L'essence de la grâce l'anime
Sa paresse est un immense travail des dieux.

3 + 1 = 4 : empli

4
Mercredi

Tu serres un chagrin
Une feuille écrasée sur le sein
Les mots d'un autre,
Limpides,
Te feront une étole
Une vapeur pour marcher
Ainsi qu'une reine au fond des cours.
Ce sera un secret à glisser
À l'ami qui en dessous passe à l'ennemi
N'as-tu pas assez de toi-même
Œillet de maladie à son cou
Parlons lui diras-tu.
Vous parlerez
Trop
Comme souvent quand on parle
Puis
Un jour
Trois dits dans « l'esprit » placeront
Un diadème sur vos fronts
Et, qui sait... ya salam...

4 + 0 = 4 : chagrin

5
Jeudi

La voix qui parle
Ne s'entend pas
Elle sort elle cherche dans le noir
1 tracé inexistant encore
Alors qu'elle le dessine, il disparaît
La soufflerie, les membranes
Font leur travail de vent et de résonateur
Mystérieuse, plus que les autres encore
Notre voix
C'est 1 chant sans 1 père sans 1 mère
Orchestre aléatoire

5 + 1 + 1 + 1 + 1 = 9 : Elle

6
Vendredi
Cante jondo

C'est 1 lune cassée demi-louis
Phare dont la paupière abaisse le regard
Œil de gitan d'où monte la fumée
Il entretient la veille le gitan
Car 12 notes sont à prendre ou à laisser
Son temps déjà privé de temps
– cadencé –
Le vole du temps des autres
Le temps des nonchalants.
Nonchalant, on le croit, cependant
Il est nu
Qu'est-ce qu'une nonchalance hantée par 1 tourment
Musical
Il jette sa vie dans le
Non mesurable
Sa voix tire un fil sans certitude vers sa voix
Il va tomber
Il crache le sang honore le monde
Il cherche le chant
Sa voix s'arrache pour traverser
Ainsi te risques-tu,
Quand tu vas parler

6 + 1 + 12 + 1 = 20 : monte

7
Samedi

Et tu as le goût du vide
Tu ne trouves pas le silence
Tu entends ce qui le trouble : une guerre d'électrons
Soufflerie de modem énormes préoccupations
Quel bruit :
Pour ce qu'il reste de la terre
Ce que nous leur laissons
Que dirais-tu Georges ?
Or, well ?
Il ne reste plus de mots pour
L'honneur,
Te coucheras-tu, enfant ?
Avec leurs techno-lunettes à radar nyctalope
Ils voient… des avions en bois
Te coucheras-tu ?
Tu n'es pas impuissant,
Un homme seul réveille les morts
Le bruit s'évase
Une fourmi passe sur mon histoire,
Je compte sur toi enfant
Tu te souviendras j'en suis sûre

7 + 0 = 7 : vide

NEUVIÈME SEMAINE

RUES ET RIVAGES

1
Dimanche
Rue

– Elle craint de me perdre
Dit-il
Avec ses yeux d'eau
Sa mélodie
Elle arrive fine absente aux signes que des hommes
    lui adressent, parisiens
Il chante, il lui dédie des gestes d'ami-pour-toujours
– Il y a longtemps il m'a trahie
Dit-elle
Elle se demande si c'est « sa faute »
Ils vont comme deux dauphins encore nageant
Se montrent un peu de leur sang
Sûrs que dans le « pas tout dit »
S'ouvre
Une blessure, jardin de printemps.

1 + 0 = 1 : elle

2
Lundi

1 jour comme un autre
J'ai laissé mon soutien-gorge dans le poème de Mahmoud

2 + 1 = 3 : comme

3
Mardi
Rivages

De la contrainte
Du silence
De la bouche sombre
Portail à la maison de plage
Arrivent les rumeurs de l'hôtel Saint-Germain
À Temara, ville côtière
Musiques tordues mêlées par le vent
Tant
Qu'on entend leurs ondes tresser d'étranges gammes
Dans lesquelles circulent
1, 3, 20 rubans de sons que travaille un jongleur immense dans l'ombre.
De tout cela
Une petite personne assise en août 2000
Espère une tempête forcément minable
Mais voulue avec panache
Pour avancer dans le vide de la Mancha
Espère après la chute
Un regard pour la rescaper
Morte 100 fois avant la mort
Et
Elle pense aux cent vies coupées avant de vivre

3 + 1 + 3 + 20 + 2000 + 100 = 2127 = 12 = 3 : contrainte

4

Mercredi

Rivages

Sur la terrasse
Encore un jour qui s'étrangle
La brise frémit dans les cheveux des arbres
La douairière attend pour paraître
Un geste et le tison, safou, embrasera
Les luminaires en même temps
La plage souffle
Tout ce qu'elle a engendré croule d'un faux désordre
Les hanches des baleines jettent leur empreinte au
sable
Je plante dans mon ciel des cris de joie barbare
Au cas où personne n'entendrait
Malgré le sang écoulé
Le temps qui coule encore
Soudain de la douceur épaule nos épaules
À cette minute profonde et courte

Rabat, août 2000

4 + 0 = 4 : encore

5
Jeudi
Urbanités

Le canapé crevé devant la poubelle
Proie du matador des objets.
Prince des rues s'assoit dessus
La ville est à lui, inchauffable, certes,
Importunée d'insectes bleus à bâton froid,
Mais elle est à lui, plus qu'à moi,
– terrée dans mes poutres –
À lui guerrier de misère
Assis dans sa permanence de bump
Cloche errant échappé de l'HP
Desperado rouge aux yeux blancs
Il appelle le pékin sur le plancher des halles
Allons hilare le chaland s'en va de l'entretien *il a frôlé le désordre*
La vue du pourpre l'étreint dans le silence
Canapé crevé devant la poubelle
L'égaré des rues s'assoit seigneurial.
Il est dans une verve platonicienne
« je m'agenouillerai oui
mais pas devant un homme !
Je sors de l'hôpital !
Des rats ils crèvent ! Comme des rats !
Les riches les pauvres comme je vous vois »
Il renifle comme il crache
Il a la voix de Tom Waits et il ne veut pas attendre.

5 + 0 = 5 : la

6
Vendredi

J'ai trop parlé
Je ne sais ce que je justifie
Qu'est-ce que j'aurais produit d'injuste
Quelque chose en moi me dénonce
La fausse note n'est jamais loin
Je cherche l'harmonie en fuite
Je meurs dans la discordance
Je sais
Discordance est 1 autre harmonie.

6 + 1 = 7 : sais

7
Samedi

Tu m'as pris l'âme dit la chanson
Tu es petit tu sais
Même si tu es grand
– Je pourrais être mère d'un grand –
J'aime ce conditionnel
Vois-tu, je sais que tu m'attends
M'attendrais-tu toujours que jamais nous ne nous
rattraperions.

7 + 0 = 7 : dit

DIXIÈME SEMAINE

LE PAS

1
Dimanche

J'ambitionne
Une ligne
Pour regarder derrière
Passer devant
Ouvrir le bras
Et déclarer
L'or du rien est une douche de théâtre
Bataille a peur
Quand il écrit.
J'ambitionne
1 trait rouge
Du NNO au SEE
Pour me promener contre
La joue penchée
Les yeux éblouis par un luminaire
Immobile et pourtant
Équidistant du mouvement des yeux
Le bras tendu droit
Le bras gauche rejoignant lentement le fil rouge
Et
Ouvrant
L'abdomen
Me sacrant archiptère du corselet

Un millionième de seconde lumière,
Je tends l'oracle idiot
Comédienne.

1 + 1 = 2 : ambitionne

2
Lundi

Quand je dévoile la vérité
Elle pâlit
Elle me laisse
Au tumulte
À partir de ce désastre
Je réécris la chose
Je sais que l'issue
Ne sera pas l'issue.

2 + 0 = 2 : je

3

Mardi

Le divertissement
Le détour
Ou le rire
Contiennent la pensée
L'origine sans contour
Le temps infréquentable
Dans ses allées
Dans ses venues
Ses ailleurs.

3 + 0 = 3 : le

4
Mercredi

Al momento que los quiero
Los veo mejor
Es una ley mayor
Los veo mejor
Al momento que les odio
Los peleo mejor
Es una ley menor
Música de fortuna
Modos tan oportunos
De todos modos me parto.

4 + 0 = 4 : los

5

Jeudi

I'm longing for Temara
Temara when I was a child
Temara when I was a child
Is no longer there is no
Temara is a « long ago »
Along that long sad song
Temara still haunts Temara
I'll go to meet nowhere
I'll go to be betrayed
Time falls on my feet
Temara will be far from Temara
But shall I be really there ?
A bit of me – is there a me,
A bit of somewhere ?
Somewhat unaware
To let Temara meet Temara
Meet
Temara beach.

5 + 0 = 5 : Temara

6
Vendredi

La fatigue
Le cœur
Son désordre
Le commencement de la déroute
Je n'ai rien fait comme je devrais
– Attends, la Mort
Attends un peu
Tu passeras plus tard
Je n'ai pas fini une seule chose
– Que crois-tu que je sois sinon
L'inattendue.

6 + 0 = 6 : désordre

7
Samedi

Revenir
Refaire le même tour
Voir
Les changements insignifiants
Voir
Le changement
Refaire 1 autre tour
Voir
Le pas
S'allonger s'étirer
Le pas
Seulement lui
Noter au passage la grappe bijoutée des babouches
Tiens elles sont rayées cette année
Coiffes d'Égypte
Revenir
Sentir
La brise immobile
Le chari et le vari
Le silence des bruits
Le pas
Et seulement lui
Le pas.

7 + 1 = 8 : changement

ONZIÈME SEMAINE

RISK

1
Dimanche
Party

Debout avec un verre de glaçons
On parle sans rien dire
Pas question de s'asseoir pas question qu'un rai de silence ne glisse
Trop tendre
On clique
Valide
Délite.
1 courrier de photons rutilants
Pourtant
Cœur à cœur brave la peur
Le corps se serre
Dans l'arrogance du port
– ce que vous faites est littéraire
– bon
Cling des petites cuillères sur la table
Je paie sans un mot
Pourquoi es-tu party toi que j'attendais ?

1 + 1 = 2 : avec

2

Lundi

Misère d'atout
Misère de têtes
1 poignée
Tarot des tu et des toi
Le destin ne mérite pas qu'on s'y attarde.

2 + 1 = 3 : atout

3
Mardi

Le hasard aboli
Sur les faces du dé
Dans l'espace
Il s'ouvre encore 6 fois le hasard
Et plus
Une 7e
Dimension : le mouvement.
Et plus

3 + 6 + 7 = 16 : 6

4

Mercredi

J'aimais
Ta façon de mourir au bout du mot
De sentir
Le précipice à chaque essai
Pour approcher
La citadelle
Cet autre.

4 + 0 = 4 : façon

5
Jeudi

7 beauté qui parle
Et retient l'essentiel
Le taisant
– Qu'il soit désiré
Suspendu
Et que
Se poursuive une rumeur interminable :
L'orchestre s'accorde
Infiniment.

7 + 5 = 12 : il

6

Vendredi

Paris 4 août
Le chaos fut-il ?
Le chaos viendra-t-il ?
Est-il là ?
Oui, quelque chose du chaos fait vie.

6 + 4 = 10 : viendra

7
Samedi

La lampe
Dans ma table laquée est lue
Je vois
Ce qu'elle ne montre pas au-dessus
Sépia illisible
Peut-être en me brûlant les yeux
Déchiffrerai-je
1 information vraiment sans importance
Comme
Le secret de notre présence ?

7 + 1 = 8 : lu(e)

DOUZIÈME SEMAINE

FEMME

1
Dimanche

Il y a un jeu auquel se livrent
Les kabbalistes
Ils prennent un sac, y jettent des lettres
Les secouent et les font sortir
Ils comptent jusqu'à la transe
Je voudrais prendre les mots
Les gestes les sons choisis
Les couleurs décidées dessinées
Les jeter dans un sac
Remuer
Les tirer
Les relire
Rafraîchir la vue du monde
Le jeune monde
Déjà bien vieux
Haut de page saut de page
Je voudrais compter les lettres, déchiffrer
Et perdre le chiffrage

1 + 0 = 1 : il

2
Lundi

Architecte de l'an 1000 selon l'Égire
Tout mon corps t'apprécie
Maître travailleur des ombres
Et des masses
Je suis consentante pour
Ta sorcellerie
Une minute, là
Évapore l'année du tourment.

2 + 1000 = 1002 = 3 : l'

3
Mardi

Ah ! C'est moi ça ?
Dans le miroir
C'est moi ça ?
Ah.

Mardi soir
Finis ton lait
Chat foireux
Chat d'égout
Finis !
C'est tous les jours
Que tu vomis
Quand tu
Finis pas.

3 + 0 = 3 : est

4
Mercredi

Devant la fin de la vie
Je jure
De dire ma vérité
Pas toute
Et plus que ma vérité.

4 + 0 = 4 : de

5
Jeudi

Le silence n'est pas invité
mais ils ont fait silence
« je suis une femme »
phrase infernale
impossible de la taire
impossible d'en parler
je suis une femme
est-ce préhensible ?
je parle comme lui
je parle pas comme lui
je parle comme personne
Je cherche dans les rumeurs
Une graminée
Un chant d'ouvre
• *Le ciel c'est le ventre de la mer*
Toison bleue
La femme s'étend
Elle souffle 20 moineaux d'argent
Le sol de l'eau se secoue
Je cherche
La voix de la femme
Peut-être qu'il n'y en a pas
En tout cas je ne rentre pas
Dans l'ombre que me présente le poète amoureux

Je ne rentre pas
Je ne colle pas
Je ne suis pas raccord
Je suis en crue
Je disparais
Je cherche où est la femme
La femme qu'on me dit
J'écarquille les oreilles
Qu'est-ce que c'est que cette femme
Je n'y crois pas
Je voudrais scruter les fous
La femme connaît l'homme avec l'œil de sa hanche
Dit un chercheur en Folie
L'homme, la connaît-il
Par le glaive qu'il lui porte ?
Elle le connaît
Dans la marée mourante
L'écume sur le pli léger
Le muscle grand couturier
Engendre la cuisse abondée
L'homme, que voit-il dans le travail
Qui le tend vers
L'occident de son corps
L'orient de son âme
Vers des astres furieux
Que voit-il d'elle
Secrète
Elle va elle vient dans l'acte
Et lui ?
Sans lui il n'y a pas d'elle
Oh je l'interrogerai
Je l'interrogerai pour me voir
Car je ne me vois pas

Je ne me parle pas
La femme.
Où trouver ma résistance ?
Si je pratique le tir à l'art jusqu'à ce que la parole
    se voie
Transfigurée par la femme…
Car je ne m'entends pas
Je ne me parle pas
la femme
Ah sans femme
Il n'y a pas d'homme
L'homme, le veut-il savoir ?

5 + 20 = 25 : parler

6
Vendredi

L'eau
Les yeux écho
Fleur de couteau
Blessure à blanc
Soleil de rides
Sourire de Rhodes
Où je ne suis pas allée.

6 + 0 = 6 : fleur

7
Samedi

Si je tiens
Le fil de l'encre
Si j'enserre
Le flot des terres
Dans 1 trait de vie
Si je veille
Mère adoptive
Le vent finira par dire
La chose
Gisant dans un carreau cassé
Lambeau d'escadre astrale.
Je pourrais trouver de quoi gémir
Mais la vie passe.

7 + 1 = 8 : encre

TREIZIÈME SEMAINE

LETTRES ET LIVRE

1
Dimanche

Tu poses des questions
Mauvaises
Tiens, mets un chiffon doux
Sur ta bouche.

1 + 0 = 1 : tu

2
Lundi

J'attendais le silence
Pour parler
Il n'est jamais venu
Je ne suis pas restée sans rien dire
Mais je ne t'ai pas parlé
Je n'ai pas pu être ton amie
La confiance m'a manqué
Je n'ai pas été ton amie
Je voudrais refaire la soirée
Pourquoi n'aurais-tu pas eu le droit de choir ?
Il me manque des forces
Pour tenir dans la paume
Le oui de l'amitié.

2 + 0 = 2 : attendais

3
Mardi

Paris n'est que lettre
Livre
Chaque pas dans Paris est opuscule
Ciel tremble aussi
Les arbres font une algue de l'été
Tu es là
Je retrouve par instants
Le frisson d'un vieux rendez-vous
Le pli de ta main
Vertige
La peur de toi
La peur de moi
Les lâcher
J'ai peur de laisser la peur
Si le froid nous gagnait
Si dans l'innocente confiance
Le séisme ?
J'accompagne ta parole
Et quand elle arrive
Je mets ma tête dans le vase
Serais-tu meilleur que moi ?
Sans nul doute
Tu as eu tant de bravoure
Près de moi.

Je semblais posséder
Mes signes !
Je semble,
J'y suis mais je ne m'y crois pas,
Je n'y reste pas,
Je pourrais y rester.
Non, ni repos pour toi
Ni repos pour moi
Ni académie
Juste 1 désir

3 + 1 = 4 : que

4

Mercredi

Je berce dans mon corps
L'animal chagrin
Il dort
S'ouvre l'effort d'1 fleur
Dans un vase de pourriture polie
Mais elle est restée fleur
Je dirai fleur malgré l'interdiction du sénat des
poètes anti-poétisants
Le mot fleur
Peut être abominable une excrétion
Mais serait-il beau pourquoi ne pas le dire ?

4 + 0 = 4 : mon

5

Jeudi

La page
Sors de la page
Mais si j'aime la page
Mais 1 page
N'est déjà pas saisissable
C'est une face
De la feuille
De la feuille qui est jetable
Mais la page
C'est ta face
Je ne sors pas de ta face
Tu es
Mon directeur de stylet
Mémoire
C'est ta face
À qui je donne joue
Je joue avec nos joues
Tu voudrais que je vive
Que
Je corps (je corpse au subjonctif)
Mais tout mon corps écrit
Répète ma dernière phrase.

Le jour
Sors de ton jour
Si j'aime le jour
Même un jour
N'est pas saisissable
C'est un jour
De 24 heures
12 + 12
Mais le jour
C'est ton dos
Je ne sors pas de ton dos
Tu es
Directeur de mon stylo
Efface
C'est ton dos
À qui je donne dos
Je dose avec nos dos
Tu voudrais que je meure
Que
Je spirite (au subjonctif)
Mais tout mon corps écrit
Répète ma dernière phrase

5 + 1 + 24 + 12 + 12 = 54 : mémoire

6
Vendredi

J'ai attrapé le chant des pauvres
Et j'en ai fait mon métier
Le ciel est bas d'hirondelles
Moi, architecte du verbe ?
Chaque mot m'emplit d'effroi
Perdu retrouvé perdu
Bascule jusqu'à sa gravité
Prêt encore à basculer
Je ne le scrute pas non plus j'en serais l'otage.
Dans les grillons réco-réco
Surpoids du chaud
Des mots me cherchent
Dette perpétuelle.
Toi tu écoutes
Tu attends caché dans la nuit
Ce qu'on t'a caché
Tu es timide devant les livres
Des lignes enfouies dans un paquet.
Des flaques flambent
Fernando Arrabal s'adresse à Franco
À Fidel Castro
Il pleure

Les mots te sont révélés
Les mots te sont dérobés
Les mots délivrés te délivrent.

Grignan, juillet

6 + 0 = 6 : des

7
Samedi

Les jours de la semaine
Ne comptent pas
Ils sont sept
Mais Jeudi
Veut être Vendredi
Peut être Mardi
Ils sont 7
2 veut être = à 3
et 6 à 7
Et ainsi de suite
7 un 6
C'est ainsi
Dit le sablier
Je l'ai oublié

7 + 7 + 2 + 3 + 6 + 7 + 7 + 6 = 45 : sablier(s)

QUATORZIÈME SEMAINE

PRENDIMIENTO, Y MUERTE DE UN POETA

1
Dimanche
à Claude Faïn
le 6/8/01

Claude était là
Sur le fauteuil
Trop de monde
Je ne lui ai pas parlé
Si peu
Claude est là
Dans ce fauteuil
Il vient de disparaître
Il a livré son cœur aux hommes
« qu'ils interviennent »
Claude est poète
Mais il est aussi docteur
Il sait ce qu'il fait
Il y a eu des « complications »
Claude est un homme complexe
Pas compliqué
Au contraire
Sa langue est fluente
Limpide
Rare
Pleine de notes blanches
De mots laissés

Qu'on entend pourtant murmurer *murmurer*
Claude est là
Je ne veux pas entendre
Qu'il soit effacé
De ce qui va venir
Des larmes tombent sur mon papier
Flof !
Claude est un de ces amis
À qui on n'a rien dit
Trois mots
Qu'il a saisis
Il était saisissant
Au vol

Le pli des phrases
La fortune du chercheur
L'oreille des bijoutiers
De l'air au bout de l'œil
La mer est bavarde :
C'est lui
C'est un homme
À la parole choisie
Mais buveur de mer.
Tu appuyais les doubles consonnes
Tu énonçais avec insistance
Chaque syllabe
Comme si elle
Allait changer de mot
Il fallait la tenir fermement
Tu as tenu parole
Dans le grand vent
Comme un Juste
Et je le dis des musiciens de l'âme

Du vrai poète
Celui qui ne cherche pas la lumière à l'écran
Celui qui connaît la lumière
Par instants
Tu as tenu parole
Dans le bruit
Seulement maintenant, ils te liront
Faut-il que l'homme laisse la place à son livre ?
Tu étais un ami immédiat et dense
Pourquoi précéder l'appel de Satan ?
j'ai parié j'ai perdu j'ai gagné
Le large
Pères dus
Je suis antique
Ainsi que toi
Vieux peuple
La perle de la jeunesse
Est restée sur ta lèvre
Jusqu'au dernier moment
Pardonne-moi si je parle comme la Bible
Elle fait partie de mes premiers livres
Même si j'ai cassé la mer morte
Le fracas du passage me reste dans le front
Je ne connais pas ta vie
Pas eu de tête à tête

Mais tu savais faire la solitude
En un sourire
Et trois silences
Un carré de secret
Se posait sur toi, ton interlocuteur
Tu savais faire signe
Pas surprenant

Tu régnais chez les signes
Mais comme tu es mort !
As-tu voulu surprendre
Plutôt qu'être surpris ?
On écrit à l'ami
On écrit à Mort
Salut grande jument à faibles narines
Guernica du jour
Tu as ri. Sûr. Car tu étais rieur
Tu as ri au nez
Tu lui as fait une blague
D'ailleurs comment appelle-t-on ce jeu *chat perché* ?
Celui qui est touché court après les autres
Tu l'as touchée avant
Il faut qu'elle coure après un autre
Mais la cour est profuse
Ils viennent « dîner » ici
Tes tout proches
Minuit et demi
J'écris
C'est ainsi que se brode la vie
C'est tout ce que nous ne nous sommes pas dit
Un océan
L'Univers
La Présence
Si tu es là si quelque chose tremble
Si tu es là un petit peu…
J'aurais peur de créer le jeu…
Je laisse les oiseaux en paix
La question
Comme un cintre sur l'armoire du passage

8 + 1 + 7 = 16 : si

2
Lundi

Paris, un 7 septembre inconnu
Assez pleuré
Écailles profondes
Latéral regard
Moi aussi je dormirai
Le rêve me montera
Sans trajet
S'il était là
Il se passerait de tant de sy-lla-bes
Mais je suis là
Avec l'amour des fut-il-ités
Réitéré
1 2 3
4 5 6 7
10 manches c'était le 7/7 ambres

2 + 7 + 1 + 2 + 3 + 4 + 5 + 6 + 7 + 10 + 7 + 7 = 61 : ambres

3

Mardi

Nous sommes après le mur des cendres
Claude est incendié
Nous sommes derrière le mur de sa présence
Un rai
Une limite
Un seuil disent-ils
Nous ne sommes pas
Nous ressemblons dans son absence
Hébétés.
Mais « le poème est la mémoire du souffle »
Mais il est poète.

Paris, le 13/8/01

3 + 13 + 8 + 1 = 25 : dise(nt)

4
Mercredi

Il s'est levé américain
Et il a parlé de la « nouvelle » en anglais
De la mort de Claude
Il a manqué d'air à NY
Il ne pouvait pas ne pas être là
Il s'est levé américain
Il s'est assis familier à nos cœurs.

Paris le 13/8/01

4 + 13 + 8 + 1 = 26 : NY

5

Jeudi

Alors
s'épaissit
Étouffant dans son corps
Un au-delà
Rien ne le dit
Tout appelle le savoir
Mais le savoir bondit
Le poète le frôle
Peut-être même pas
atopie

5 + 0 = 5 : dans

6
Vendredi

En garde
L'inconnu
Le trou
Dont je ne ferai pas le tour
En garde
J'ouvre
Téméraire
J'ouvre
Scalpel ciseau gants
Touché

Paris le 6…

6 + 6 = 12 : le

6
Vendredi soir

Dans le jardin de Rouge Sélamort
Il pleut des cerises des sourires dans l'île
Daria porte à sa bouche une coupe de bordeaux
Quand elle sourit à la mort du père
Elle est belle dans son adieu
Trois pas lui diront oui
Robert la regarde de ses mots pétale
Elle marche les pieds nus près du sommeil
Claude n'est plus là
Il ne nous a pas laissés seuls une seconde
Penser réparer rager tout est vin
Daria porte une coupe rouge à sa bouche.

6 + 0 = 6 : Sélamort

7
Samedi

Ça parle
Sans que j'y puisse
Beaucoup
Rien
C'est mieux
Ça joue
Comme le bois
Jusqu'à ce que ça se serre
Que ça tienne.

7 + 0 = 7 : puisse

7

Samedi soir

Capable de regarder un monde
Incapable je de se voir

7 + 0 = 7 : je

Poème des poèmes
(par nombres)

Et poursuivre (la) mer qui, sang,
Regarde
Jour (de) douleur
La rue des Sourires
Nôtre parce qu'Orient sans Mehi
La demande – fatal –.
De détresse ce ravage sur animal qui court, transpire,
œuvre,
L'arrêt-recours est interférence.
Ô les patios, terre
Tu entendais tout son
Comme cœur de points ailleurs...
Se retourne
Pourquoi ?
Entrer, empli-chagrin.
Elle monte, vide.
Elle, comme contrainte
Encore là, sait, dit, ambitionne.
Je le los Temara... *désordre*
Changement avec atout : 6 façons…
Il viendra, lu
Il l'est de parler fleur-encre.
Tu attendais que mon mémoire des sabliers si ambres
Dise NY dans le Sélamort.
Puissé-je !
Et…
Poursuivre la mer qui, sang, regarde, jour de douleur,
la rue des Sourires nôtre
Parce qu'Orient sans Mehi la demande – fatal – …

CE VOLUME EST LE QUARANTE-NEUVIÈME
DE LA COLLECTION « CLEPSYDRE »

ISBN : 2-7291-1505-6

imprimé en Italie